Manfred Kuhn

Gedichte

und

Übersetzungen
aus der
lyrischen und tragischen Dichtung
der Griechen

Herstellung und Verlag:
BoD – Books on Demand, Norderstedt
ISBN: 978-3-7528-8481-4

Vorwort

Meine eigenen Gedichte sind verstreut über die letzten rund dreißig Jahre hin entstanden. Die Anlässe waren jeweils ungeplant spontan. Ihre Gruppierung habe ich erst für diese Sammlung vorgenommen. Manche Gedichte, insbesondere diejenigen, die an bestimmte Personen gerichtet sind, habe ich nach ihrer Niederschrift auch weitergegeben, eine Veröffentlichung im eigentlichen Sinne hat es aber nicht gegeben. Soweit mir noch bekannt, ist den Gedichten das Datum der Entstehung beigegeben.

Angesichts dieser eher zufälligen Entstehung der einzelnen Texte versteht es sich auch, dass sie keiner bewusst gewählten Stilrichtung oder bestimmten lyrischen Vorbildern entsprechen sollten, vielmehr ist meine Beschäftigung mit und meine Freude an Gedichten vor allem in der deutschen und antiken Literatur der weit gespannte Horizont, vor dem die eigenen Versuche sich ergaben.

Daher auch das Konzept dieser kleinen Ausgabe, den eigenen Gedichten die Übersetzung lyrischer Texte aus der altgriechischen Literatur und wenige Beispiele aus der viel späteren europäischen Literatur folgen zu lassen, die mir besonders präsent geblieben sind. Deren sehr begrenzte und scheinbar beliebige Auswahl hat sich aus meiner

Biografie ergeben: Seit meinem Studium des Altgriechischen in den sechziger Jahren und insbesondere meinem Studienjahr in Athen 1964/65 haben mich gerade diese Texte immer begleitet; aus dieser Zeit ist mir auch das einzige Beispiel neugriechischer Lyrik, das Gedicht „Ithaka" von Kavafis (1863-1933), das zwischen 1905 und 1915 entstand, immer im Gedächtnis geblieben. Das gilt ebenfalls für die drei Gedichte im Anhang.

Die griechischen Texte und die Gedichte aus anderen Sprachen sind von mir übersetzt. Die möglichen Bezüge zwischen allen diesen Texten haben bei der Auswahl keine Rolle gespielt; manches hat sich für mich erst nach der Zusammenstellung herausgestellt, wie es auch Anderen beim Lesen ergehen mag – in welchem Sinne auch immer.

Inhaltsverzeichnis

Dichtung der Griechen

Anhang
zum Thema Kunst und Vergänglichkeit

Gedichte

Ein Tag, ein Jahr, ein Leben

Der volle Mond
der Winternacht
steht einsam
über Park und Wiesen,
erstarrt
in kalter Luft
die Bänke,
leer und stumm.

Des Morgens steht
noch leicht verwirrt
die feuchte Wiese
im kalten Wind des März,
doch wagt sie eine kleine
Hoffnung auf die Sonne,
wo auf dem Teich
das Eis noch schwappt.

Eine
blaue Feder
schwebt herab
und senkt sich leicht
auf einer Parkbank

altes Holz.
Sie dreht
sich fein im Kreis,
bis sie ein Windhauch
weiter treibt
im Raum der sommer-
warmen Luft.

Des Abends
im Septemberlicht
verträumt
der letzte Gast
auf seiner Bank
den Tag,
wenn keine Feder,
keine Kälte
und kein Grün
ins Zwielicht fällt,
das aus der Erde steigt.

Märznacht

Seeblatt lauscht
des Nachts
nach Sommerfeldern,
Geruch nach Korn.
In kühler Luft,
wenn kalte Blätter breit
sich drehen,
öffnet das Wasser
und schließt sich,
leicht.

Blätterwerk,
abgetrieben,
absinkt,
das redende.
Kore
geistert
im Dämmerlicht
auf einfacher Fahrt,
nicht steinern,
nicht blutlos.

2.3.85

Frühsommer

Woher das zarte Band,
das dich so leicht und fest,
so frei und unverwandt
am Standort hält,

     wenn in schwindelnder Höhe
     du fliegst,
     in wilder Neugier
     dahinstürmst
     wie Nike in wehenden Falten,
     in siegreicher Sanftmut?

     Wenn das Herz im Leibe
     dir flirrt
     wie ein Vogel
     in behutsamer Hand,
     und zitternd
     verharrt,

woher der spurlose Schlag
auf den schwirrenden Kreisel,
dass er über den Tag
nicht stillsteht und kippt?

Vollmond

Schräg steht der leere Stuhl
im vollen Mondlicht
kalt und eckig da.

Fahle Frau mit bleichen Brüsten
sitzt der Tod, winkt blicklos hin zu sich.
Ich setz mich auf die kalten Schenkel,
es schwinden Blick und Atem
im Hauch der eisigen Gestalt.

Im vollen Mondlicht
steht der leere Stuhl
schräg und erstarrt.

Dezember 2009

Frühlingsgedicht

tobendes Feuer,
von ferne
kreisrund zum Auge gebändigt.
Ikarus, der Dumme,
hielt sich an nichts
und verbrannte im Wasser,
der Narr.
Dädalus, der Schlaue,
wusste den Abstand,
aber er wusste nicht,
wie es ist
im Sturz.
Auch die Sonne
stürzt täglich
hinunter ins Meer.

Mond,
geduldige Wiederkehr,
nah im Gezweig
schimmerst du her.
Wo Blatt und Blüte

noch fehlen,
zieht deine Kraft
die dämmernde Saat,
bis sie aufgeht,
die Sonne.

4.5.1999

Isis

Alles ist Ankunft:
Geburt und Tod
und das Jetzt
und ein Gott;
die summende Hummel
im Busch,
das helle Wölkchen,
das am Himmel zieht,
die tanzenden Mücken
unter den Bäumen.

Das schwarze Rauschen
von Niemandes Ankunft
im kosmischen Raume
verstummt, wenn Du
Dein Auge öffnest,
in Deiner Ankunft
das Jetzt erklingt,
ein Gott erscheint,
sich verschlingen
Tod und Geburt.

15

Delphin

In rauer grauer haut, mit rundem schwung
schießt leicht in die grünliche tiefe
du, Delphin;
keiner folgt;
lichtgetrieben ins schwankende
reich der medusen,
zu lachen für kurz
mit fleischigen algen,
wendest du nicht,
bis gedreht
auf den rücken,
ein sog
dich hindurchzieht, die flosse
flappt,
fast still drängt das lächelnde maul
ins stahlblaue wasser
aufwärts
zum
sprung.

Adams Söhne

Riesenhaft
in lodernder Helle
mit flammendem Schwert
und schwarz
verwehrt er ihnen,
den Fremden jetzt,
selbst noch den Blick zurück dahin,
wo offen alles und eins war.

Selber sich fremd,
torkeln sie fort
in die dunkle Kälte.
Wohin mit den Blicken:
zu Boden, in die Ferne,
auf der Suche
in des Anderen Augen
und selten im Ziel.

An den Händen sich haltend
gehen sie entgegen
dem Brudermord
und den dünn
aufstrebenden
Feuern der Opfer.

Juni 2000

Das andere Gesetz

Ohne die Tafeln, die schweren,
tanzt er herunter.
Während in Blitz und Donner
Gottes Finger sich eingräbt,
pflückt er im Licht
Blumen -
die steckt er dem Kalb
hinters goldene Ohr.
Blind stolpert Moses
vorbei,
hundert Mesiasse
lösen sich auf,
wenn er sich lächelnd
über das Haar streicht.

Für Ole K.
20.6.1994

18

Ins Freie

In dem neuen Land

wo die Rehe Füchse sind
und die Gazelle ein Raubtier

wo schnelle feste Schritte
in der Sonne dem Wind
die Stirne bieten
und in der Mondnacht
im Wehen der Träume
in die Quere gehen

wo gebaut wird
vom Dach aus und ohne
schwankende Gerüste

da
lebst du auf

für Hiltrud V.
1995

Unterwegs

Ein Schiff, gestoßen, schießt
flink übers flache Wasser hin,
Papier, es bremst und kippt.
          Die Pfütze lacht.

Auf hoher See der Riese
dreht langsam sich
auf seiner Bahn.
    Die dunklen Wogen drohn.

Dazwischen schwebt ein Vogel
bei leisem Lachen, tiefem Groll,
fliegt schweren Schlags zu seinem Nest,
    das federleicht auf Wellen treibt.

Für Anne L.
18.12.2004

Der Philosoph

Kein Fußbreit abgegeben
an die Gemeinplätze.
Kein Wort,
wo nichts zu sehen ist.

Freundlich geneigt,
Bitteres zu sagen,
aufstehen zu lassen
jeden regen Gedanken.

So türmen sich
keine Mauern,
keine Bastionen,
offen der Eintritt,

auch wenn verwirrt
jemandes Fuß
der Spur folgt
in die fremde Welt.

1993

Jugend

Mild lächelnder Zeus
im Cäsarenwahn!
Mit leichtem Schritt
kommt federnd er her
und will mit feinem Pinselstrich
die Grundfeste der Welt
erschüttern.

O Evokativ!
In der Welle der Nacht.
Wenn absinkt
das Gebirge der Kindheit
mitsamt allen Riffen,
aufsteigt das sanfte Licht
der Gegenwart.

Schlangenbeschwörer!
Tänzelnd am Rande des Wegs,
wo es anderen schwindelt.
Deine Wünsche züngeln
aus dem Schlangennest
mit der Gedanken
leiser Musik.

Für Jürgen Z.
28.2.2001

Die Heilerin

Dein ausladender Schritt
lädt ein zu folgen,
wo die Hindernisse verfliegen,
nicht ohne Spur, aber fort in die Lüfte.

Deine Hände schließen den Spalt
zwischen Körper und Seele;
was innen, wird außen -
was außen, wird innen.

Im Spiel von Enge und Weite der Räume
wehen herein und lösen sich auf
die Geister aus alter Zeit,
vom Lärm und in der Stille der Gefühle
befreit.

Wohin geht der klare Blick deiner Augen?
Wege öffnen und verlieren sich,
dein Schritt aber zieht unbeirrt
ins Helle, ins Weite, ins Offene.

Für Isabella G.
26.1.2016

Winter

Noch bricht die Welt und fügt sich neu
und fremd um mich. Dein Atem
verweht in der Ferne mir und es redet
deine Stimme zu andren Gesichtern.

Mir gehört der kalte Hauch
auf der Haut, wenn der splittrige
Regen allein niedergeht
auf die Wiesen der Parks.

Du regst dich und blühst
in fremden Armen, doch mir
ist es gut unter den Sternen
zu gehen, solange ich bin.

So entdeckt im letzten Leuchten
des Himmels ein verlassener Ort
seine heimliche Wärme
da in der Nähe, wo ich bin.

An Isis

Du, vor deren Bild sich lichten
die lauernden Schatten
des Ungeliebtseins,
vor deren Blick
die Schleier verfliegen
des blinden Waltens.

Halte die Nacht in der Hand,
dass die Angst nicht
auf mich fällt,
gib mir die Kraft
zu halten den Tag,
dass er auf andere nicht fällt.

Kehr' ich den Rücken Dir zu,
halte den Rücken mir frei,
dass ich im Strahl Deiner Augen,
im Blick des Andern
die Liebe erkenne.

28.12.1999

Gesichter

Anfangsgesicht -
die Tür geschlossen,
dass der Raum
      nicht abfließt,
in dem unsere Arme
      uns umschlingen,
in dem die Blicke
      auch unter verschlossenen
      Lidern ineinander
      versenkt sind.

Geliebtes Gesicht -
in immer neuen
Wellen
schlägt der Raum
nach innen,
immer neue
Rundung,
immer weiter
fliehende Fahrt
einander zu.

Wahres Gesicht -
die Lippen geöffnet,
dass der Raum
      entsteht,

in dem unsere Zungen
                sich umschlingen,
in dem der Duft der Haut
                und der Blick
                und der Druck
miteinander verschweben.

16.7.1999

Kindergeburtstag

Mit zu viel Licht, stichelndem Sand
ein Tag am Strand;
der kleine Riesenkopf mit grimmem Blick
sitzt da ganz ohne
Fee und Prophetie.

      Und jetzt,
      da ist kein Tor, kein Ende,
      kein Anfang und kein Schluss,
      ein ganz normaler Tag
      mit Sonne, Mond und Sternen.

Der Spross mit Augen voller Schlaf
patscht mit den Füßen
und trommelt den Boden
zur Feier des Tages.

6.9.1995

Verliebt

Ein gelber Vogel schwirrt
auf einer warmen Decke;
nicht als ob die Flügel ihn nicht
erheben könnten – sie können
   die flaumige Handvoll
   Leben hart
   ins Weite
   schnellen.
Dann mildert keine Feder
den Blick,
den stählernen, gefräßigen,
still ruhenden, im Fluge
   trägt er den Pulsschlag
   mit sich,
   ob der Wind ihn ins Kalte
   oder ins Warme fegt.

14.12.1994

Sonntagmorgen

Als wir aus dem „World" auf die Straße kamen,

deine Augen ein Pantherfell, weich und schwarz,
dein Mund ein lauer Frühlingswind, beweglich,
deine Haut ein bleiches Tuch, das den Morgen
                                    verhüllt.

Ich fühle den Morgen,
ich spüre den Wind,
ich lasse mich streifen,

als die Kippen vor dem Besen von der Treppe
                                    huschten
hinaus in den leeren Sonntag.

1994

An W.,
die gelöst hat
einmal Hamburg-Korfu
einfach

Papier fetzt weg und der Schreiber fliegt
in der Hand der Besessenen,
Du, schnell lesende Nichtleserin,
schnell schreibende Nichtschreiberin.
Aufmachen die Tür,
Zigarette zwischen den Fingern,
die bekümmerten Hände,
die nicht klopfen,
während du dein Lieblingsstück
hörst.
Auf Tasten trommeln
die Bekloppten,
während du dein Lieblingsstück
singst.
Es zischt rings im Wald des Narziss,
Geplärre der Geister:
Ich stürze, sie stürzen, wir stürzen
hinein

ins dunkle Wasser
deiner kreisrunden Iris.
Aber du fällst nicht.

Aber in der Sonne des Mittags,
im bleichen Schein der Nacht
plötzlich leicht
kommst du zu dir
bist du bei dir
und strahlst.
    Leg' die Kette um aus Lorbeerblatt,
    das Amulett gegen die Irren!
    An Korfu, an die Bucht
    hängst du dein Herz,
    bis es ergreift
    die Windsbraut des Worrás
    und es streut
    gegen Süden.

1994

Wannsee

Weiße allee
federt,
dünn gespannt wie ein seil.
Rot strahlt
der kalte rand deiner ohren
schmal durchs haar.
Worte, einzeln, würfeln
sich
hinter den lippen,

Fische springen
- kein bogen steigt und fällt,
nur die plastiktüte hüpft,
beschuppte hände baumeln
an der flasche im schnee,
blutige schliere im schnee
würde passen
neben dem aufgehackten
eisloch.

14.2.1985

33

Schulhof vormittags

die stare
schwirrten
längst und nässe
hängt in den terrassen.
die stunden häufen sich
auf,
grau, plump -
als wäre kein morgen
gewesen.
ein vogel
fliegt
aus dem karree
des hofs
ins schwache blau.
mit fäulnis beworfen
 schwimmt blass
 dreiviertelstundenlang
 denkendes gefühl,
 das nie betäubt ist.
 träume mischen
 dahinter die farben,
 dass inwendig

sie aufgehen
nachts
fern:
im stürmenden sand
hebt wollig den kopf
das kamel,
mahlend unter der wölbung
der lider.
Im ziehenden sand
stapft es
die spur,
wärmend die hufe
im sand,
im gelben sand
rollend
in der dünung
entgegen
der nacht:
wo in Dublins breiten straßen
voll eigenen lichts
bräunlich
am ziel
du horchst,
wer neben dir
trabt.

Januar 1985

35

Deutsche Einheit

Verdrießlich knattert das Mobil
rußig stinkend über Kopfstein
an alten Tapeten vorbei,
ein bisschen
braun noch,
schwärzlich
hier und da.

Der schnelle Audi
mit dem Kühlergrill
durch die Kinderbrust
blitz und blank
weinrot
light.

Das Pünktchen Blut
sickert
weg.

1990

Heidi

Spieglein, Spieglein an der Wand,
Stiefmutter Heidi ist wieder entbrannt,
mustert die Mägdlein im ganzen Land,
Glanz und Karriere in ihrer Hand.

Rapunzel ließ ihr Haar herunter,
Dornröschen lag im Schlaf,
Schneewittchen stieg bei Zwergen ab
und Gretel war nicht brav.

Jetzt aber gibt es Stöckelschuh,
dürren Leib und Angst dazu,
glatte Maske statt Gesicht,
Hexe Heidi hält Gericht.

Zum Werfen ist kein Frosch zugegen,
kein Prinz als Retter naht,
kein Ofen lässt sich stopfen,
the show goes on, egal, wem's nützt.

Dichtung der alten Griechen

Mitternacht

Untergegangen der Mond
und die Plejaden, Mitternacht,
vorüber geht die Zeit der Blüte,
ich aber schlafe allein.

Sappho (94 D.)

Jugend und Alter

Ihr jungen Leute, ihr kümmert euch um die herrlichen
Geschenke
der zartbusigen Musen und den feinen Klang der Saiten
den die Sänger lieben.

Mich, die ich einst die liebliche Haut der Jugend
besaß, hat schon das Alter
im Griff; weiß sind die Haare, die einst schwarz.

Schwer lastet das Gemüt, die Knie tragen nicht mehr,
die doch einst leichtfüßig tanzten wie junge Rehe.

Oft breche ich in Klage darüber aus, doch was tun?
Alterslos zu sein, das ist dem Menschen nicht möglich.

Denn einst, heißt es, hat die rosenarmige Eos den Tithonos
aus Liebe ans äußerste Ende der Erde verbracht.

Da war er jung und schön, aber auch ihn erfasste
mit der Zeit das graue Alter trotz seiner
unsterblichen Gattin.

Sappho (65a D.)

40

Die Kunst und der Tod

Gestorben, wirst du danieder liegen, und kein
Gedenken an dich wird es mehr
geben und kein Verlangen nach dir späterhin,
denn keinen Anteil hast du an den Rosen
aus dem Lande der Musen, vielmehr unscheinbar
wirst du im Hause des Hades
wandeln unter den Schatten der Toten,
verflogen.

Sappho (58 D.)

Verliebt und getrennt

Den Göttern scheint er mir gleich zu sein,
der Mann, der dir da gegenüber
sitzt und dir nahe zuhört,
deiner süßen Stimme

und deinem Sehnsucht weckenden Lachen, das mir
das Herz aufjagt in der Brust.
Denn schau' ich nur kurz zu dir hin, kommt mir
kein Laut mehr über die Lippen.

Die Zunge erstarrt, sogleich hat feines Feuer
die Haut erschauern lassen,
die Augen sehen nichts, durch die Ohren
geht ein Brummen.

Der Schweiß bricht mir aus, ein Zittern
befällt mich ganz, blasser noch bin ich als Gras.
Fast schon scheine ich einer Toten
zu gleichen, Agallis.

Aber alles lässt sich ertragen,
ist es einmal so weit
…

Sappho (2 D.)

Das Liebste

Die einen nennen die Kavallerie, andere die Infantrie,
wieder andere die Flotte das Schönste
auf der dunklen Erde, ich aber das,
wonach jemand in Liebe sich sehnt.

Ganz leicht, das einem jeden verständlich zu machen:
Denn Helena, die an Schönheit die Menschen
weit überragt, verließ ihren
äußerst tüchtigen Mann,

ging fort und segelte nach Troja,
ohne jeden Gedanken an Kind und liebe Eltern,
vielmehr hat sie verführt
nicht ohne ihren eigenen Willen

Kypris, denn biegsam ist leichthin
… das Herz …
und sie lässt mich jetzt an Anaktoria denken,
die nicht mehr da ist.

Deren lieblichen Schritt wollte ich lieber sehen
und das strahlende Leuchten ihres Gesichts
als die Kampfwagen der Lyder und das Fußvolk
in Waffen.

Sappho (27a D.)

An Zeus

Zeus! Wer immer er ist, wenn ihm denn
die Anrede recht ist,
so nenne ich ihn so.
Kein Gleiches kann ich finden,
selbst alles in Rechnung gestellt,
außer Zeus, wenn ich die vergebliche Last meiner Sorgen
in Wahrheit abwerfen soll.

Aischylos, Agamemnon

Abschied

Ich nun gehe fort ins Dunkel der Erde hinab.
Ihr aber, ihr Alten, lebt wohl, im Übel noch
erfreut euch des Lebens Tag für Tag,
denn nichts nutzt Reichtum den Toten.

Aischylos, Die Perser

Letzte Worte

Hermes: Aber erinnert euch an das, was ich vorher sagte,
und beschwert euch nicht, euer Schicksal sei
von Unheil getrieben, und sagt niemals,
Zeus habe euch ins unvorhersehbare
Leid gestürzt; keineswegs – ihr vielmehr
euch selbst. Denn wissend und
weder plötzlich noch heimlich
werdet ihr ins unauflösliche Netz des Unheils
aus Unvernunft verstrickt.

(ab)

Prometheus: Und wirklich, der Erdboden ist in der Tat
und nicht nur angeblich vom Beben
erschüttert,
ein tosendes Donnerecho erschallt
wie Gebrüll, schlängelndes Blitzlicht
leuchtet auf, in Strömen aufgewirbelter
Sand; aufeinander stößt das Wehen
aller Stürme wie im Aufruhr dagegen.
Meer und Himmel chaotisch vermischt.
So stürzt es auf mich hin vom himmlischen
Zeus her, furchterregend und ganz offen.
Oh, heilige Mutter, oh, himmlisches Licht,

45

über alles ineins sich ergießend,
du siehst, wie ich Unrecht erleide.

Aischylos, Der gefesselte Prometheus

Versöhnung

Der unersättliche Aufruhr der Übel
möge niemals in dieser Stadt
wüten, dem gilt meine Bitte.
Noch soll der Boden das dunkle Blut der Bürger trinken
aus strafendem Zorn
und von der Stadt für die Mordtaten
sühnende Greuel sich holen.
Vielmehr sollen sie freudig sich begegnen
in gemeinschaftlicher Gesinnung
und auch im Hass eines Sinnes sein.
Denn unter Sterblichen ist dies
heilende Rettung für vieles.

Aischylos, Die Eumeniden

Der Chor der Alten

Wer die mittlere Lebenszeit
überschreitet und die längere wünscht,
der wird bei mir offenkundig
zum Hüter der Torheit.
Denn vielfach brachten die späteren
Tage schon näher ans Leid,
nach dem Erfreulichen
hältst du vergeblich Ausschau,
wenn einer über das hinaus gerät,
was zugemessen ist. Erscheint aber
der Helfer, der am Ende alle trifft,
Hades, der Gott der Unterwelt, mit seinem Hochzeitslied
ohne Leier und Tanz,
ist Tod das Ende.

Nicht geboren zu werden, das ist stärker
als jedes Gegenwort, ist aber einer ans Licht gekommen,
ist sicher das Zweitbeste, aufs schnellste
hinzugehen, von wo er gekommen.
Denn wenn die Jugend vorüber
mit all ihrer leichtsinnigen Unvernunft,
welche Mühsal bleibt lange fern,

welche Beschwernis meldet sich nicht,
Neid, Aufruhr, Streit, Kämpfe
und Morde. Und was der tiefste Schimpf,
am Ende kommt das kraftlose, vereinsamte, ungeliebte
Alter, wo sämtliche Übel
mit Übeln sich zusammentun.

Hier, elend bin ich dem ausgeliefert und ich bin nicht
alleine mit mir:
Wie von allen Seiten her eine Küste im Norden,
von Wogen getroffen und eisigem Sturm, erbebt,
so lassen auch diesen Mann hier von Grund auf
erbeben schreckliche aufbrausende und
nicht endende Schicksalsschläge,
die einen vom Sonnenuntergang her,
die anderen von ihrem Aufgang,
wieder andere vom strahlenden Süden,
andere von den nächtlichen Stürmen des Nordens her.

Sophokles, Ödipus auf Kolonos

Der Mensch

Ungeheuer ist vieles, und nichts
ungeheurer als der Mensch.
Auch durchs dunkle Meer zieht
er seine Bahn im eisigen Sturm,
unter ringsum sich
auftürmendem Schwall,
und die höchste Göttin, die Erde,
die unvergängliche, nie ermüdende, quält er
Jahr für Jahr hin und her wendend
die Pflüge mit der Kraft der Pferde.

Und den Schwarm der leicht beschwingten
Vögel jagt er mit Schlingen
und die Völker wilder Tiere
wie auch die in der Tiefe des Meeres
mit Netzen, engmaschig geknüpft
- er, der rundum geschickte Mann. Er bringt
mit List das wilde Getier in den Bergen
in seine Gewalt und zwingt den zottigen
Nacken des Hengstes unter das Joch
und den unermüdlichen Stier aus dem Gebirg.

Und sprachlichen Ton und Gedanken,
schnell wie der Wind, und strenge Gesetze

für eine Stadt hat er sich beigebracht,
und auf vielerlei Wegen die unwirtlichen Orte
in den Höhen zu meiden und die Geschosse
der Unwetter; ohne einen Weg nimmt er
nichts in Angriff. Nur dem Tod zu
entgehen, das schafft er nicht;
doch aus auswegloser Krankheit
hat er Wege gefunden.

Klug über das hinaus, was sich erhoffen lässt,
weiß er sich in seinen Werken zu helfen,
das gerät einmal zum Übel, das andere Mal zum Guten,
wenn er die Gesetze des Landes erfüllt
und das beschworene Recht der Götter
auf der Höhe seiner Stadt; es verleugnet die Stadt,
wer aus dreistem Übermut es mit dem hält, was ungut.
Möge der nie bei mir zu Gast sein,
noch der gleichen Gesinnung,
wer das tut.

Sophokles, Antigone

Schlusswort

Um vieles steht das Denken höher als
das Glück; gegen die Götter indes
darf die Ehrfurcht nicht fehlen. Große Schläge
aber haben große Worte der Hochmütigen
büßen lassen
und das Alter das Denken gelehrt.

Sophokles, Antigone

Dionysos, Gott des leichten Lebens

Für ungezügeltes Mundwerk
und gesetzlose Torheit
ist das Ende nur Unglück.
Das Leben aber in Ruhe
und das Nachdenken
bleiben unerschüttert
und halten das Haus zusammen. Fern
bewohnen ja den Äther die himmlischen Wesen
und blicken herab auf das Treiben der Sterblichen.
Das Kluge aber zu denken und das, was nicht sterblich,
das ist keine Klugheit.
Kurz ist die Lebenszeit – unter dieser Bedingung
verliert, wer Großes verfolgt, das Naheliegende.
Männer mit diesem Charakter gehören bei mir
zu den Abgedrehten und Übelberatenen.

Er, der Sohn des Zeus, der Dämon,
erfreut sich an fröhlichen Feiern,
er liebt Eirene, die Friedensgöttin, die Reichtum
verleiht und Männer aufwachsen lässt.
Die gleiche schmerzlösende Freude am Wein
verlieh er dem Reichen wie dem Geringeren;
er hasst aber, wem nichts daran liegt,
im Licht und in lieb gewonnenen Nächten
sein Leben zu genießen

und sich fern zu halten vom klugen Geist und Verstand
bei Männern von höherer Bedeutung.
Was das schlichtere Volk anerkennt und betreibt,
das möchte auch ich gutheißen.

Euripides, Die Bakchen

Schlussstrophe

Vielfach sind die Gestalten des Göttlichen;
vieles schaffen unverhofft die Götter,
und was man erwartet, das wurde nicht vollbracht,
für das Unerwartete aber fand ein Gott den Zugang.
So nun hat die Handlung ihr Ende gefunden.

Euripides, u.a. am Ende der Bakchen überliefert

Ithaka

Begibst du dich auf die Fahrt nach Ithaka,
bete, der Weg möge lang sein,
voller Abenteuer, voller Erkenntnisse,
und fürchte nicht die Laistrygonen und Kyklopen
und den erzürnten Poseidon;
so etwas wirst du auf deinem Weg nie finden,
wenn deine Gedanken sich in die Höhe richten, eine ganz
eigene
Erregung des Gemüts deinen Geist und Körper berührt.
Den Laistrygonen und Kyklopen,
dem wilden Poseidon wirst du nicht begegnen,
wenn du sie tief in deiner Seele nicht heranholst,
wenn deine Seele sie nicht vor dich hin stellt.

Bete, dass der Weg lang sei.
Dass zahlreich die sommerlichen Morgenstunden,
wo du mit Dankbarkeit, mit Freude
in die Häfen einfährst, die du zum ersten Male erblickst;
dass du Halt machst auf den Märkten Phöniziens
und die schönen Waren erwirbst,
Perlmutt und Korallen, Bernstein und Ebenholz
und wonnigliche Duftstoffe jedweder Art,
reichlich, wie du nur kannst, wonnigliche Duftstoffe.

Dass du viele Städte Ägyptens betrittst,
dass du lernst und lernst von den Kundigen.

.

Immer habe Ithaka im Sinn.
Die Ankunft dort, sie ist deine Bestimmung.
Aber dränge die Reise auf keinen Fall zur Eile.
Besser, sie dauert viele Jahre lang,
und im Alter erst gelangst du zur Insel -
reich an allem, was du auf dem Wege gewonnen,
ohne zu erwarten, Ithaka werde dir Reichtümer bringen.

Ithaka hat dir die herrliche Reise gebracht.
Ohne sie hättest du dich nicht auf den Weg gemacht.
Anderes hat sie dir nicht mehr zu bieten.

Und findest du sie in Armut vor – Ithaka hat dich nicht
zum Narren gehalten.
So klug, wie du geworden, mit so großer Erfahrung
wirst du schon verstanden haben, was die "Ithakas"
bedeuten.

K.P.Kavafis
(1863-1933)

55

Anhang

Macbeth's letzter Monolog

To-morrow, and to-morrow, and to-morrow
Creeps in this petty pace form day to day
To the last syllable of recorded time;
And all our yesterdays have lighted fools
The way to dusty death. Out, out, brief candle!
Life's but a walking shadow; a poor player,
That struts and frets his hour upon the stage
And then is heard no more; it is a tale
Told by an idiot, full of sound and fury,
Signifying nothing.

Morgen und morgen und morgen,
das kriecht mit diesem kleinen Schritt von Tag zu Tag
bis zur letzten Silbe der zugerechneten Redezeit;
und all unsere Gestern haben nur für Narren den Weg
erhellt bis zum Tod im Staub – Aus, aus, kurzes
                              Kerzenlicht! -
Leben ist nur ein wandelnder Schatten; ein armseliger
                              Schauspieler,

der seine Stunde auf der Bühne stolziert und sich aufreibt,
und dann nicht mehr gehört wird; es ist eine Geschichte,
erzählt von einem Dummkopf, voller Getön und Raserei,
die nichts bedeutet.

Shakespeare, aus: Macbeth (1564-1616)

Sainte

Á la fenêtre recélant
le santal vieux, qui se dédore,
de sa viole êtincelant
jadis avec flûte ou mandore,

Est la Sainte Pâle, étalant
le livre vieux, qui se déplie
du Magnificat ruisselant
jadis selon vêpre et complie.

Á ce vitrage d' ostensoir,
que frôle une harpe par l' Ange
formée avec son vol du soir
pour la délicate phalange

Du doigt, que sans le vieux santal
ni le vieux livre elle balance
sur le plumage instrumental,
musicienne du silence.

Die Heilige

Am Fenster, das verbirgt,
wie vom alten Sandelholz abblättert
das Gold ihrer Viola, einst blitzend
mit Flöte und Mandora,

Steht bleich die Heilige und breitet aus
das alte Buch, das sich öffnet,
mit dem Magnificat, einst leise rieselnd
zur Vesper oder zur Komplet.

An dieser Scheibe der Monstranz,
die des Engels Harfe streift,
auf seinem abendlichen Flug geformt
für die zarte Phalanx

Der Finger, die sie – ohne das alte Sandel
noch das alte Buch – balanciert
auf den Federn des Instruments,
Musikerin des Schweigens.

Stéphane Mallarmé
(1842-1898)

Im Grase

Süße Ruh', süßer Taumel im Gras,
Von des Krautes Arome umhaucht,
Tiefe Flut, tief tief trunkne Flut,
Wenn die Wolk' am Azure verraucht,
Wenn aufs müde, schwimmende Haupt
Süßes Lachen gaukelt herab,
Liebe Stimme säuselt und träuft
Wie die Lindenblüt' auf ein Grab.

Wenn im Busen die Toten dann,
Jede Leiche sich streckt und regt,
Leise, leise den Odem zieht,
Die geschlossne Wimper bewegt,
Tote Lieb', tote Lust, tote Zeit,
All die Schätze, im Schutt verwühlt,
Sich berühren mit schüchternem Klang
Gleich den Glöckchen, vom Winde
                                        umspielt

Stunden, flüchtger ihr als der Kuss
Eines Strahls auf den trauernden See,
Als des ziehenden Vogels Lied,
Das mir nieder perlt aus der Höh',
Als des schillernden Käfers Blitz,

Wenn den Sonnenpfad er durcheilt,
Als der heiße Druck einer Hand,
Die zum letzten Male verweilt.

Dennoch, Himmel, immer mir nur
Dieses Eine mir: für das Lied
Jedes freien Vogels im Blau
Eine Seele, die mit ihm zieht,
Nur für jeden kärglichen Strahl
Meinen farbig schillernden Saum,
Jeder warmen Hand meinen Druck,
Und für jedes Glück meinen Traum.

Annette von Droste-Hülshoff
(1797-1848)